Bernd Wehren

Bilder erzählen Geschichten

# Erste *fantastische* Schreibanlässe

## Arbeitsblätter für die Grundschule in 3 Differenzierungsstufen

Verlag an der Ruhr

# Impressum

**Titel**

Bilder erzählen Geschichten. Erste fantastische Schreibanlässe
Arbeitsblätter für die Grundschule in 3 Differenzierungsstufen

**Autor**

Bernd Wehren

**Titelbildmotiv**

Bettina Weyland

**Illustrationen**

Linie Kopfzeile, Bleistift Fußzeile: © Verlag an der Ruhr;
alle anderen Abb.: Bettina Weyland; ansonsten siehe Copyrightzeile

**Druck**

Heenemann GmbH & Co. KG, Berlin, DE

**Verlag an der Ruhr**
Mülheim an der Ruhr
www.verlagruhr.de

**Geeignet für die Klassen 1 – 2**


**ISBN 978-3-8346-2969-2**

# Inhaltsverzeichnis

# Vorwort

Kinder wollen kritzeln, krakeln, erste Wörter, erste Sätze und erste Texte schreiben. Lehrer wollen Kindern das Schreiben so frei, so individuell wie möglich beibringen. Mithilfe der Schreibanlässe aus diesem Buch werden Sie den kleinen Schreibern und sich selbst gerecht, denn die insgesamt 45 Erzähl- und Schreibanlässe zu 15 Themen sind der Fantasiewelt entnommen – passend zum Alter und Entwicklungsstand der Kinder.

**Die Arbeitsblätter sind 3-fach differenziert:** Kopieren Sie die 3-fach differenzierten Arbeitsblätter stets **doppelseitig** mit dem **Linienblatt von S. 64**.

●○○

a) **leicht:** Die Erst- und Zweitklässler malen die 15 großformatigen Weitermalbilder weiter, erzählen dazu und schreiben erste Wörter in das Bild. Die Kinder können auch Sprechblasen malen und etwas hineinschreiben. Zudem können sie erste kurze Sätze notieren. *Tipp: Für Schreibanfänger im Anfangsunterricht oder sehr schreibschwache Kinder können Sie nur das Bild der leichten Stufe ohne Aufgaben auf DIN A3 vergrößern, sodass die Kinder das Bild an- und weitermalen, zum Bild erzählen und nur lauttreue Wörter ins Weitermalbild schreiben.*

●●○

b) **mittel:** Die Erst- und Zweitklässler ergänzen die 15 Weitermalbilder, erzählen dazu und schreiben weitere, passende Hilfswörter zu dem Bild. Anschließend schreiben sie zu dem Bild in die Dreiband-Lineatur und benutzen dabei die Hilfswörter. Zuletzt schreiben die Kinder eine passende Überschrift auf die entsprechende Linie und lesen ihre Geschichte vor oder lassen sie vorlesen.

●●●

c) **schwer:** Die Erst- und Zweitklässler schreiben eine eigene, thematisch passende Überschrift auf, wählen dann entweder die eigene oder die vorgegebene Überschrift aus, kreuzen diese an und malen eine passende Bildergeschichte dazu. Sie schreiben Hilfswörter zu ihrer Bildergeschichte. Anschließend erzählen und schreiben sie eine Geschichte zu dem Bild in die Dreiband-Lineatur und benutzen dabei die Hilfswörter. Zuletzt lesen die Kinder ihre Geschichte vor. *Tipp: Es ist durchaus sinnvoll, die zu bearbeitenden Arbeitsblätter auf A3 zu vergrößern. So haben die Kinder mehr Platz zum Malen und Schreiben.*

**Zum Einsatz des Materials und des Zusatzmaterials im Anhang**

Sie können entweder zuerst komplett die leichten Arbeitsblätter im Anfangsunterricht, dann die mittelschweren Arbeitsblätter im Laufe des 1. Schuljahres, dann die schweren Arbeitsblätter am Ende des 1. und im Laufe des 2. Schuljahres bearbeiten lassen.
Oder: Sie bieten stets neben dem jeweils leichten und mittleren Arbeitsblatt auch das dazugehörige schwere Arbeitsblatt zu einem Thema für lese- und schreibstarke Kinder an.
Selbstverständlich können Sie auch eine gezielte Auswahl der Arbeitsblätter für die Kinder treffen.

**Wichtig dabei ist nur:** Die jeweils drei Schreibanlässe zu einem Thema gehören zusammen, unterscheiden sich aber in wichtigen Details,

sodass die Kinder unterschiedliche Bildergeschichten malen und verschiedene Texte bzw. Geschichten erzählen und schreiben können. Sobald die Kinder lesen können, können Sie die **Tipp-Karten** (S. 55) kopieren, laminieren, ausschneiden und nach und nach als Erzähl- und Schreibhilfe einsetzen. Kopieren Sie die Karten auf grünen, gelben und roten Karton. So können Mitschüler* dem Geschichten-Erzähler oder -Schreiber signalisieren, ob er die Tipps beachtet (= grün), teilweise beachtet (= gelb) oder nicht beachtet (= rot) hat. Neben dem Schreiben von Wörtern und Verfassen von Texten üben die Kinder somit auch die Planung von Texten und die Textüberarbeitung.
Die Tipp-Karten können griffbereit im Klassenraum und im Tornister für eine Hausaufgabe aufbewahrt werden.

Sie können die Arbeitsblätter im **Deutsch-** und **Kunstunterricht**, aber auch in der **Frei-, Wochenplan-** oder **Stationsarbeit** einsetzen. Jeder Erst- und Zweitklässler sollte die bearbeiteten Arbeitsblätter in einem Hefter sammeln. Für den Hefter können die Kinder ein individuelles Deckblatt gestalten. Oder Sie kopieren S. 7 und nehmen es als Deckblatt. In beiden Fällen sollten die Kinder ihren Namen und die Klasse ergänzen, ihrem Geschichtenheft einen Namen geben und diesen auf das Deckblatt schreiben, z. B. „Mein erstes Geschichtenheft".

Kopieren Sie zudem den **Arbeits-Pass** von S. 6, den die Kinder mit abheften. So gestalten die Kinder einerseits ihr eigenes, individuelles Geschichtenheft, haben also eine schöne Erinnerung an die ersten Schreibversuche, behalten aber auch andererseits einen Überblick über die bearbeiteten Angebote.
Zur Belohnung händigen Sie den Kindern die **Urkunde** (S. 54) aus.

Zur Unterstützung der Schreibversuche können Sie die **Schrift-Karten** (S. 62) für jedes Kind ab Klasse 2 kopieren und laminieren.

Viel Spaß und Erfolg mit den ersten einfachen Schreibanlässen wünscht Ihnen und Ihren Schülern

*Bernd Wehren*



* Der Verlag an der Ruhr legt großen Wert auf eine geschlechtergerechte und inklusive Sprache. Seit 2019 nutzen wir daher das Gendersternchen oder neutrale Formulierungen, um alle Menschen unabhängig von Geschlecht oder Geschlechtsidentität einzuschließen. In Texten für Schüler*innen finden sich aus didaktischen Gründen neutrale Begriffe bzw. Doppelformen. Titel, wie dieser, die erstmalig vor 2019 erschienen sind, enthalten noch das generische Maskulinum.

# Arbeits-Pass

Name: ..............................................................................

Klasse: ....................................

Diese Arbeitsblätter habe ich bearbeitet:

| | ●○○ | ●●○ | ●●● | kontrolliert |
|---|---|---|---|---|
| Außerirdische | | | | |
| Diebe und Detektive | | | | |
| Dinos | | | | |
| Erfinder | | | | |
| Gespenster | | | | |
| Hexen | | | | |
| Cowboys | | | | |
| Meereswesen | | | | |
| Monster | | | | |
| Piraten | | | | |
| Riesen | | | | |
| Ritter | | | | |
| Superhelden | | | | |
| Zauberer | | | | |
| Zwerge | | | | |

# 15 fantastische Schreibanlässe

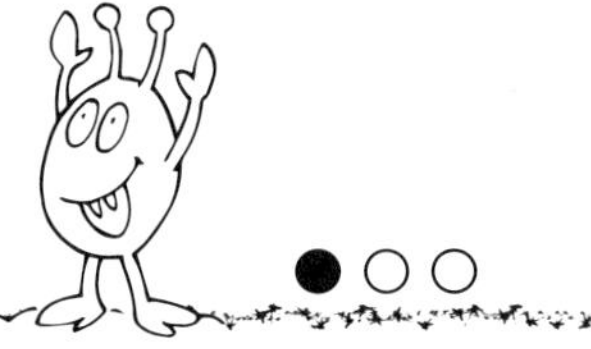

1. **Male weiter. Erzähle.**
2. **Schreibe passende Wörter ins Bild.**

3. **Schreibe zum Bild. Nimm auch die Rückseite.**

1. **Male weiter. Erzähle.**
2. **Finde eine Überschrift zum Bild.**

Überschrift: ..............................................................................................................

3. **Schreibe weitere Wörter zum Bild.**

Astronaut, landen, neugierig

4. **Schreibe zum Bild. Nimm auch die Rückseite.**

1. **Male die Bildergeschichte weiter. Erzähle.**
2. **Schreibe eine Überschrift zur Bildergeschichte auf. Wähle dann eine der beiden Überschriften aus. Kreuze an.**

O ..............................................................................

O Die Abenteuer des Astronauten Tom

3. **Schreibe passende Wörter zu deiner Bildergeschichte.**

4. **Schreibe zur Bildergeschichte. Nimm auch die Rückseite.**

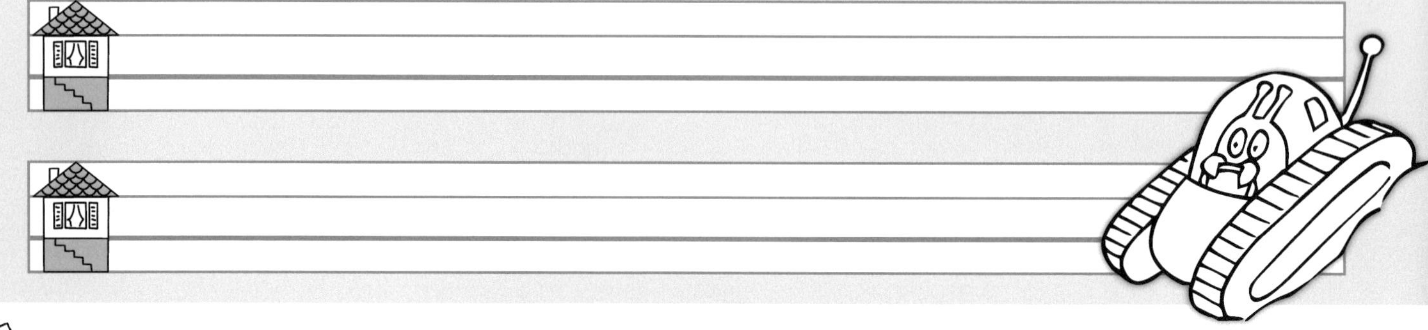

# Diebe und Detektive

**1. Male weiter. Erzähle.**

**2. Schreibe passende Wörter ins Bild.**

**3. Schreibe zum Bild. Nimm auch die Rückseite.**

1. **Male weiter. Erzähle.**
2. **Finde eine Überschrift zum Bild.**

Überschrift: ....................................................................................................

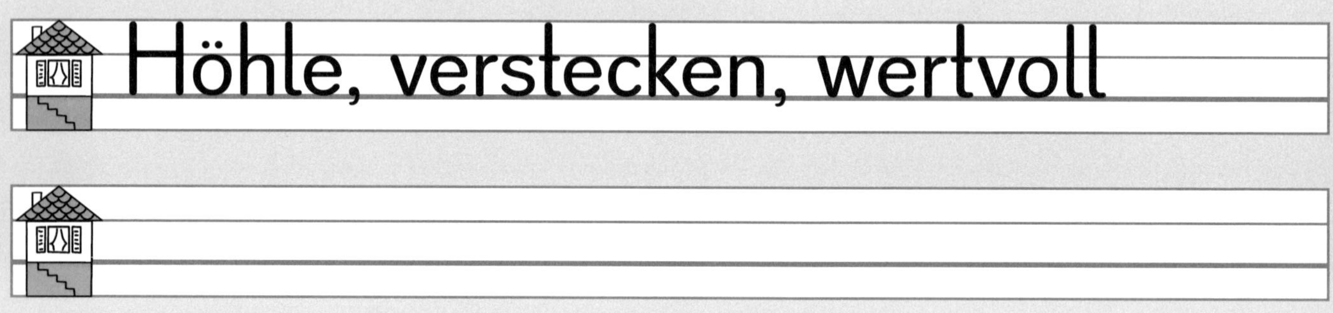

3. **Schreibe weitere Wörter zum Bild.**

Höhle, verstecken, wertvoll

4. **Schreibe zum Bild. Nimm auch die Rückseite.**

# Diebe und Detektive

1. **Male die Bildergeschichte weiter. Erzähle.**
2. **Schreibe eine Überschrift zur Bildergeschichte auf. Wähle dann eine der beiden Überschriften aus. Kreuze an.**

O ..........................................................................................

O Die geheimnisvolle Räuberhöhle

3. **Schreibe passende Wörter zu deiner Bildergeschichte.**

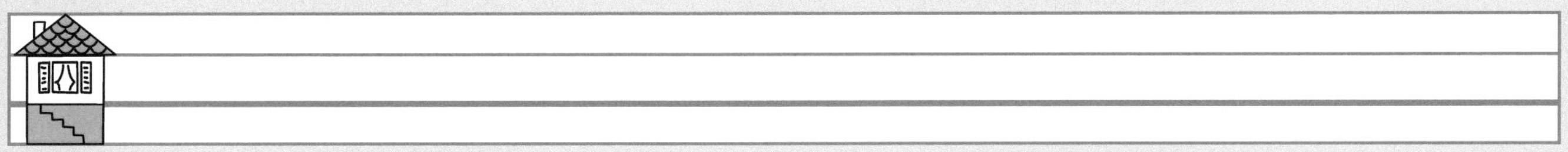

4. **Schreibe zur Bildergeschichte. Nimm auch die Rückseite.**

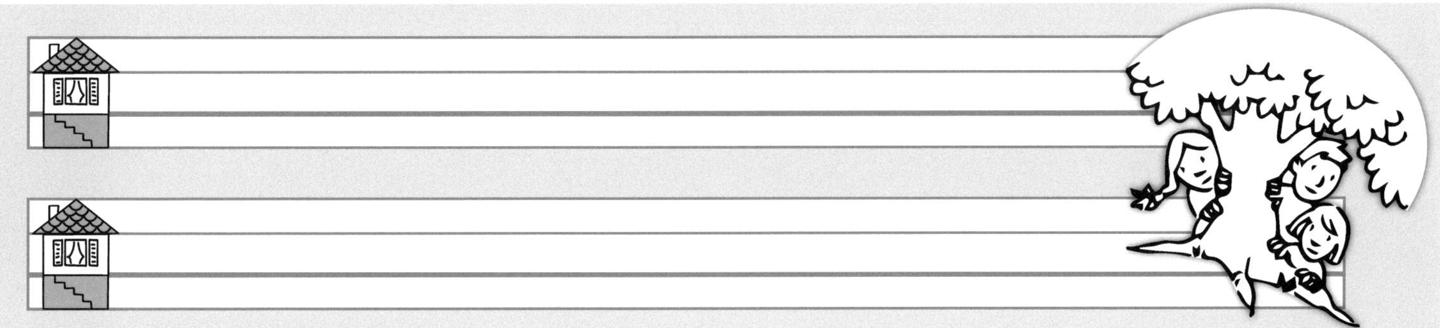

1. **Male weiter. Erzähle.**
2. **Schreibe passende Wörter ins Bild.**

3. **Schreibe zum Bild. Nimm auch die Rückseite.**



 | ISBN 978-3-8346-2969-2 | www.verlagruhr.de

**1. Male weiter. Erzähle.**

**2. Finde eine Überschrift zum Bild.**

Überschrift: ..............................................................................................................................

**3. Schreibe weitere Wörter zum Bild.**

Dinosaurier, reiten, fröhlich

**4. Schreibe zum Bild. Nimm auch die Rückseite.**

1. **Male die Bildergeschichte weiter. Erzähle.**
2. **Schreibe eine Überschrift zur Bildergeschichte auf.**
   **Wähle dann eine der beiden Überschriften aus. Kreuze an.**

O ..........................................................................................

O Als der nette Dinosaurier auf den Schulhof kam

3. **Schreibe passende Wörter zu deiner Bildergeschichte.**

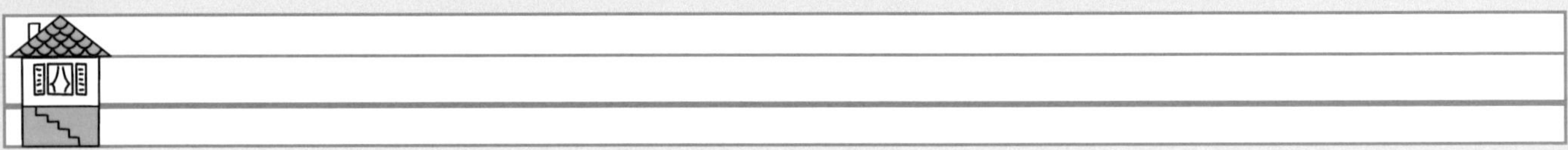

4. **Schreibe zur Bildergeschichte. Nimm auch die Rückseite.**

# Erfinder

1. **Male weiter. Erzähle.**
2. **Schreibe passende Wörter ins Bild.**

3. **Schreibe zum Bild. Nimm auch die Rückseite.**

# Erfinder

1. **Male weiter. Erzähle.**
2. **Finde eine Überschrift zum Bild.**

Überschrift: ..........................................................................................................

3. **Schreibe weitere Wörter zum Bild.**

Knöpfe, helfen, klug

4. **Schreibe zum Bild. Nimm auch die Rückseite.**

# Erfinder

**1. Male die Bildergeschichte weiter. Erzähle.**

**2. Schreibe eine Überschrift zur Bildergeschichte auf.**
**Wähle dann eine der beiden Überschriften aus. Kreuze an.**

O ...............................................................................................

O Der unglaubliche Hausaufgaben-Roboter

**3. Schreibe passende Wörter zu deiner Bildergeschichte.**

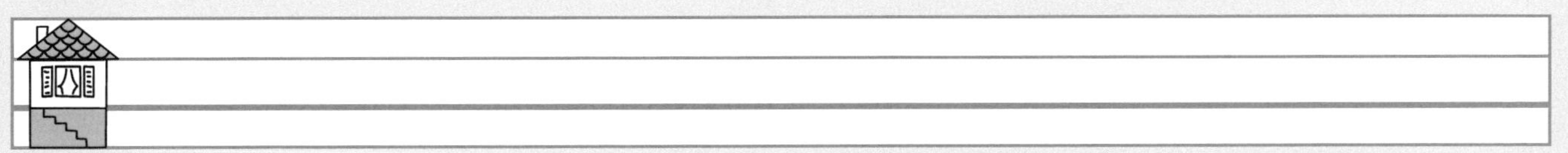

**4. Schreibe zur Bildergeschichte. Nimm auch die Rückseite.**

1. **Male weiter. Erzähle.**
2. **Schreibe passende Wörter ins Bild.**

3. **Schreibe zum Bild. Nimm auch die Rückseite.**

1. **Male weiter. Erzähle.**
2. **Finde eine Überschrift zum Bild.**

Überschrift: ..............................................................................................................................

3. **Schreibe weitere Wörter zum Bild.**

Vollmond, anklopfen, weiß

4. **Schreibe zum Bild. Nimm auch die Rückseite.**

# Gespenster

1. **Male die Bildergeschichte weiter. Erzähle.**
2. **Schreibe eine Überschrift zur Bildergeschichte auf.**
   **Wähle dann eine der beiden Überschriften aus. Kreuze an.**

O ..............................................................................................

O Um Mitternacht im Gespensterschloss

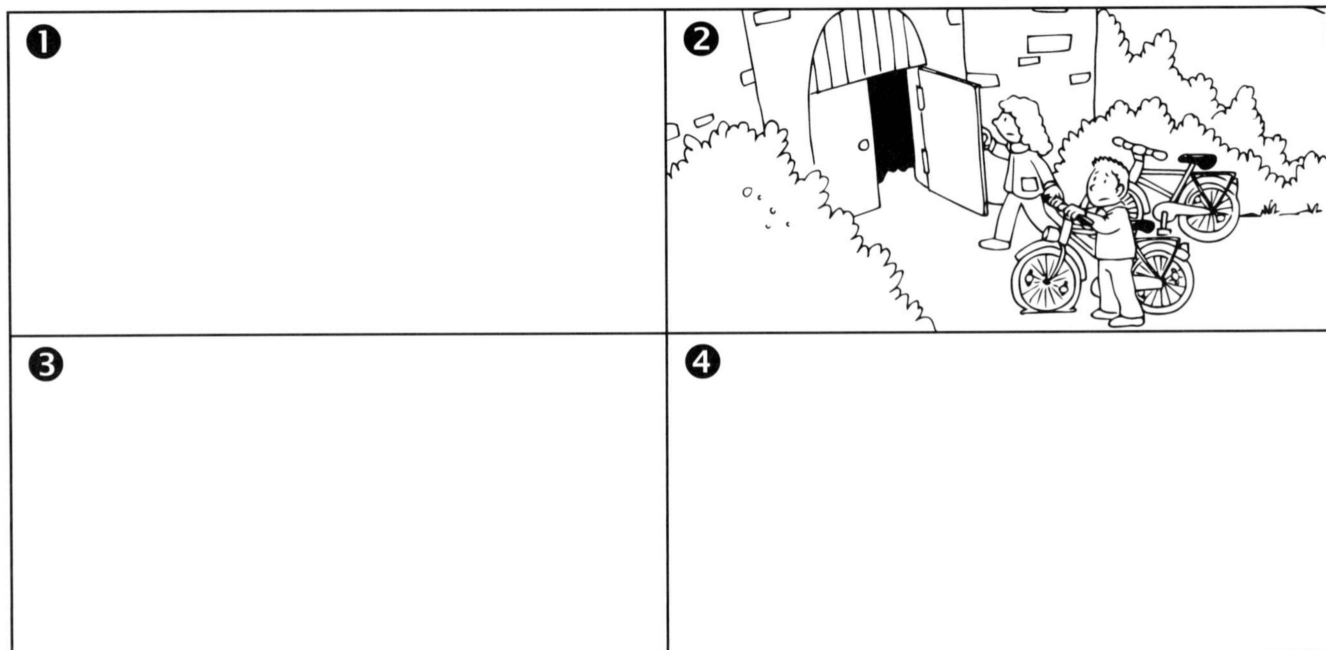

**3. Schreibe passende Wörter zu deiner Bildergeschichte.**

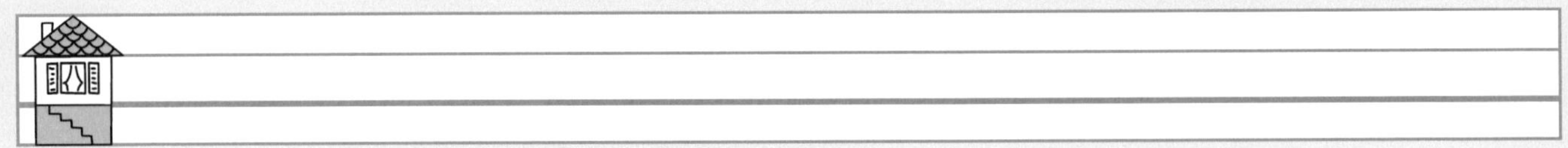

**4. Schreibe zur Bildergeschichte. Nimm auch die Rückseite.**

# Hexen

1. **Male weiter. Erzähle.**
2. **Schreibe passende Wörter ins Bild.**

3. **Schreibe zum Bild. Nimm auch die Rückseite.**

# Hexen

**1. Male weiter. Erzähle.**

**2. Finde eine Überschrift zum Bild.**

Überschrift: ..................................................................................................................

**3. Schreibe weitere Wörter zum Bild.**

Wald, fliegen, finster

**4. Schreibe zum Bild. Nimm auch die Rückseite.**



 ISBN 978-3-8346-2969-2 | www.verlagruhr.de

# Hexen

**1. Male die Bildergeschichte weiter. Erzähle.**

**2. Schreibe eine Überschrift zur Bildergeschichte auf.
Wähle dann eine der beiden Überschriften aus. Kreuze an.**

O ..........................................................................................

O Der Flug mit dem Hexenbesen

**3. Schreibe passende Wörter zu deiner Bildergeschichte.**

**4. Schreibe zur Bildergeschichte. Nimm auch die Rückseite.**

1. **Male weiter. Erzähle.**
2. **Schreibe passende Wörter ins Bild.**

3. **Schreibe zum Bild. Nimm auch die Rückseite.**

1. **Male weiter. Erzähle.**
2. **Finde eine Überschrift zum Bild.**

Überschrift: ..........................................................................................................

3. **Schreibe weitere Wörter zum Bild.**

Pferd, schießen, schnell

4. **Schreibe zum Bild. Nimm auch die Rückseite.**

1. **Male die Bildergeschichte weiter. Erzähle.**
2. **Schreibe eine Überschrift zur Bildergeschichte auf. Wähle dann eine der beiden Überschriften aus. Kreuze an.**

O ........................................................................................................

O Als ein mutiger Kutscher den Geldkutschen-Überfall verhinderte

3. **Schreibe passende Wörter zu deiner Bildergeschichte.**

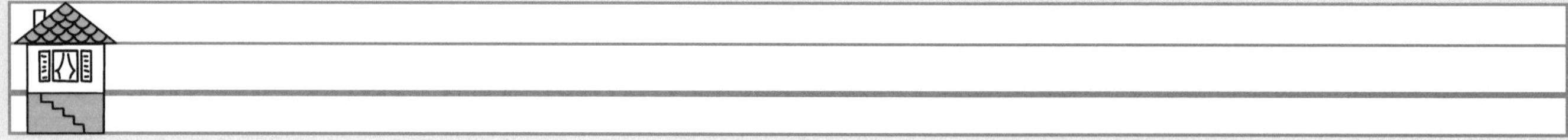

4. **Schreibe zur Bildergeschichte. Nimm auch die Rückseite.**

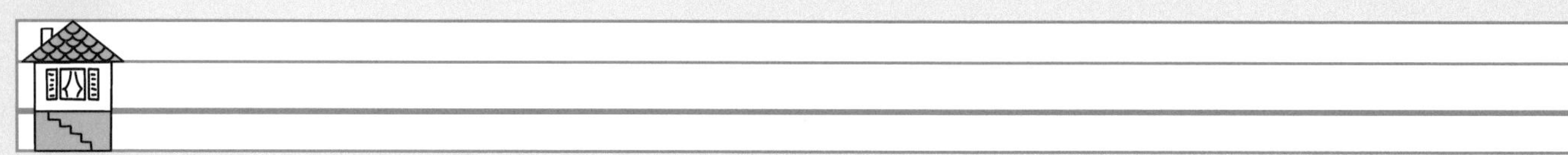

1. **Male weiter. Erzähle.**
2. **Schreibe passende Wörter ins Bild.**

3. **Schreibe zum Bild. Nimm auch die Rückseite.**

1. **Male weiter. Erzähle.**
2. **Finde eine Überschrift zum Bild.**

Überschrift: ..............................................................................

3. **Schreibe weitere Wörter zum Bild.**

Taucher, entdecken, wertvoll

4. **Schreibe zum Bild. Nimm auch die Rückseite.**

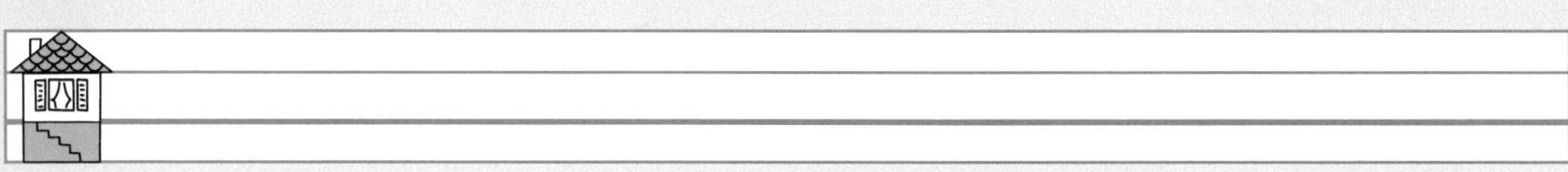

# Meereswesen

1. **Male die Bildergeschichte weiter. Erzähle.**
2. **Schreibe eine Überschrift zur Bildergeschichte auf. Wähle dann eine der beiden Überschriften aus. Kreuze an.**

O ..............................................................................

O Die Begegnung mit dem Meereswesen

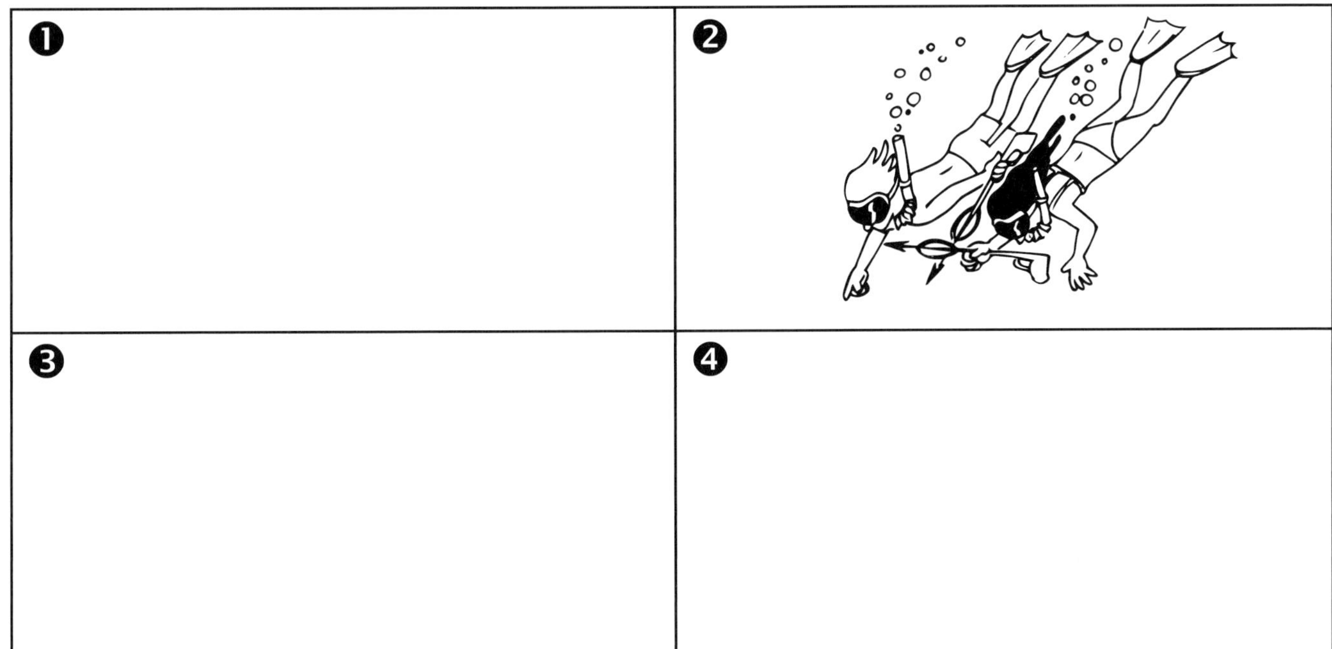

3. **Schreibe passende Wörter zu deiner Bildergeschichte.**

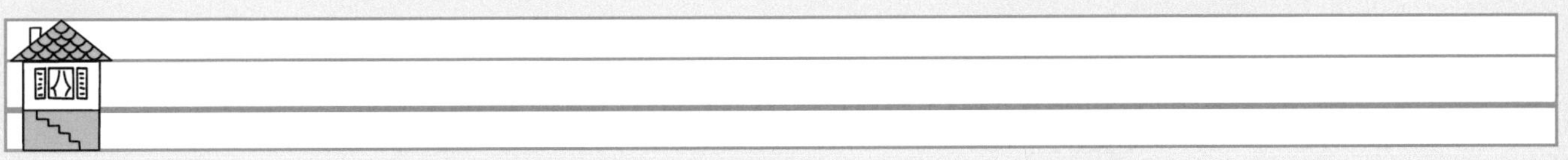

4. **Schreibe zur Bildergeschichte. Nimm auch die Rückseite.**

1. **Male weiter. Erzähle.**
2. **Schreibe passende Wörter ins Bild.**

3. **Schreibe zum Bild. Nimm auch die Rückseite.**

1. **Male weiter. Erzähle.**
2. **Finde eine Überschrift zum Bild.**

Überschrift: ..............................................................................................................................................................................

3. **Schreibe weitere Wörter zum Bild.**

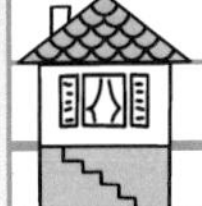

Fußball, schießen, flink

4. **Schreibe zum Bild. Nimm auch die Rückseite.**

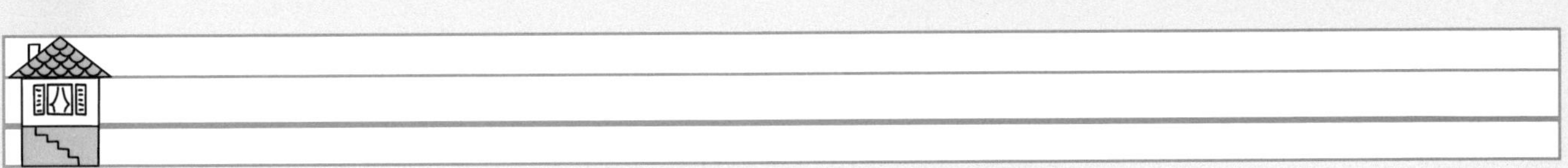

# Monster

1. **Male die Bildergeschichte weiter. Erzähle.**
2. **Schreibe eine Überschrift zur Bildergeschichte auf.**
   **Wähle dann eine der beiden Überschriften aus. Kreuze an.**

O ..............................................................................................................

O Als das Monster mit uns Fußball spielte

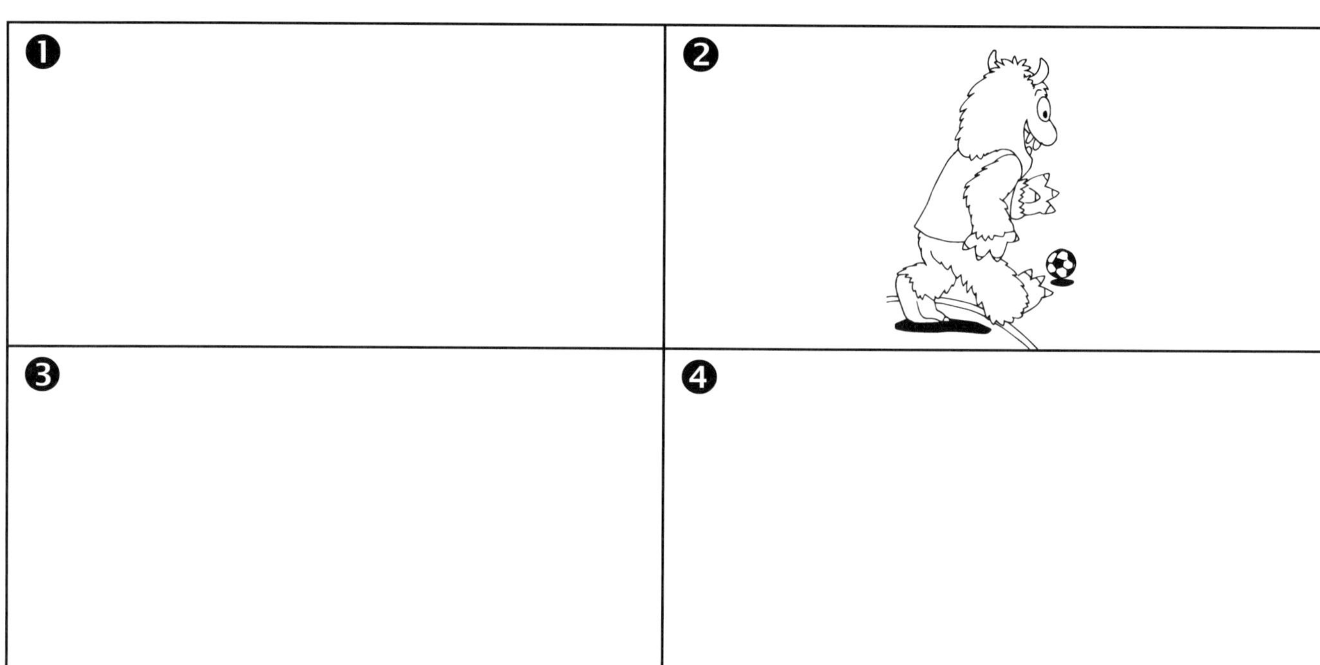

3. **Schreibe passende Wörter zu deiner Bildergeschichte.**

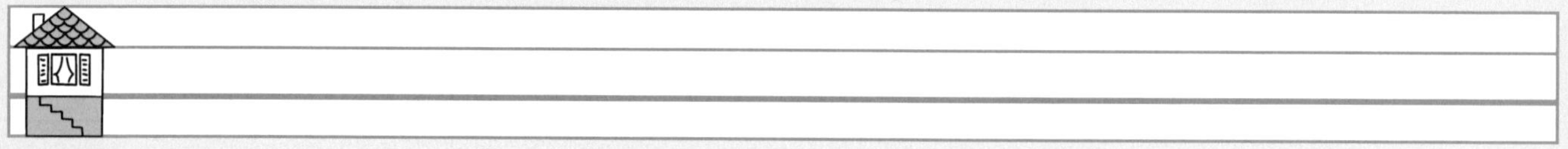

4. **Schreibe zur Bildergeschichte. Nimm auch die Rückseite.**

1. **Male weiter. Erzähle.**
2. **Schreibe passende Wörter ins Bild.**

3. **Schreibe zum Bild. Nimm auch die Rückseite.**

**1. Male weiter. Erzähle.**

**2. Finde eine Überschrift zum Bild.**

Überschrift: ..............................................................................................................

**3. Schreibe weitere Wörter zum Bild.**

**4. Schreibe zum Bild. Nimm auch die Rückseite.**

 ISBN 978-3-8346-2969-2 | www.verlagruhr.de

1. **Male die Bildergeschichte weiter. Erzähle.**
2. **Schreibe eine Überschrift zur Bildergeschichte auf.
   Wähle dann eine der beiden Überschriften aus. Kreuze an.**

O ........................................................................

O Die rätselhafte Schatzkarte

3. **Schreibe passende Wörter zu deiner Bildergeschichte.**

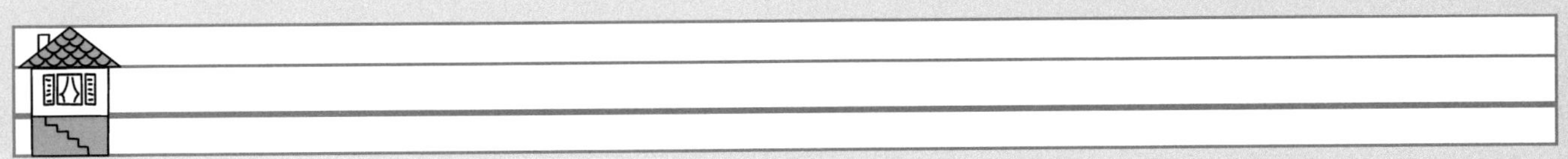

4. **Schreibe zur Bildergeschichte. Nimm auch die Rückseite.**

1. **Male weiter. Erzähle.**
2. **Schreibe passende Wörter ins Bild.**

3. **Schreibe zum Bild. Nimm auch die Rückseite.**

1. **Male weiter. Erzähle.**
2. **Finde eine Überschrift zum Bild.**

Überschrift: ..............................................................................................

3. **Schreibe weitere Wörter zum Bild.**

Käfig, sich befreien, traurig

4. **Schreibe zum Bild. Nimm auch die Rückseite.**

# Riesen

**1. Male die Bildergeschichte weiter. Erzähle.**

**2. Schreibe eine Überschrift zur Bildergeschichte auf.
Wähle dann eine der beiden Überschriften aus. Kreuze an.**

O ..........................................................................................

O Die Befreiung des verzauberten Riesen

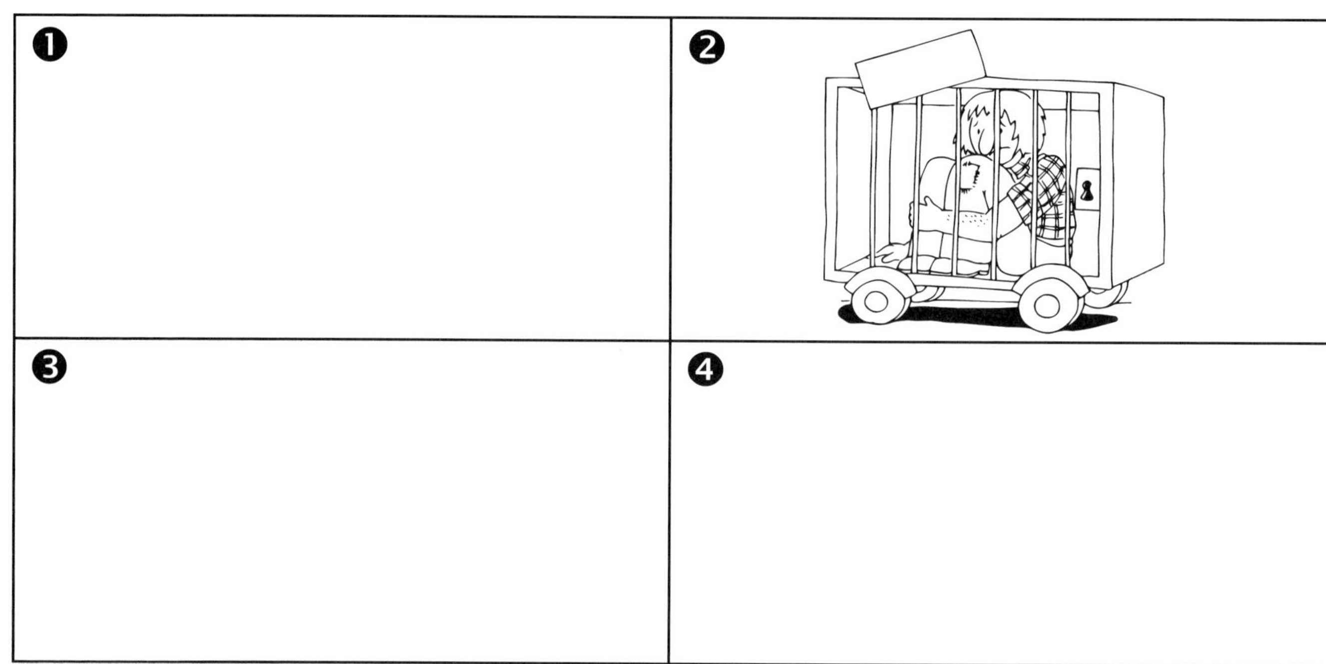

**3. Schreibe passende Wörter zu deiner Bildergeschichte.**

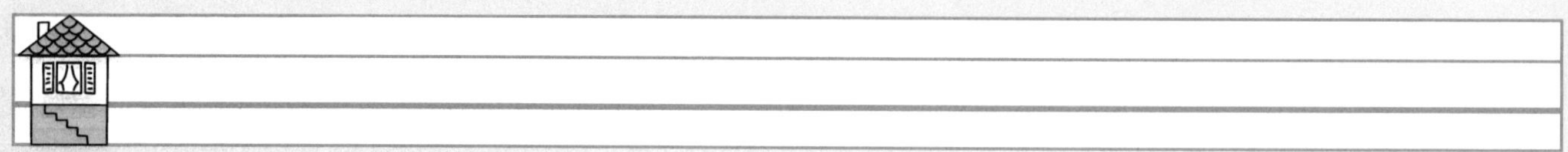

**4. Schreibe zur Bildergeschichte. Nimm auch die Rückseite.**

1. **Male weiter. Erzähle.**
2. **Schreibe passende Wörter ins Bild.**

3. **Schreibe zum Bild. Nimm auch die Rückseite.**

1. **Male weiter. Erzähle.**
2. **Finde eine Überschrift zum Bild.**

Überschrift: ..............................................................................................

3. **Schreibe weitere Wörter zum Bild.**

4. **Schreibe zum Bild. Nimm auch die Rückseite.**

1. **Male die Bildergeschichte weiter. Erzähle.**
2. **Schreibe eine Überschrift zur Bildergeschichte auf. Wähle dann eine der beiden Überschriften aus. Kreuze an.**

O ..............................................................................

O Der Kampf gegen den Drachen

3. **Schreibe passende Wörter zu deiner Bildergeschichte.**

4. **Schreibe zur Bildergeschichte. Nimm auch die Rückseite.**

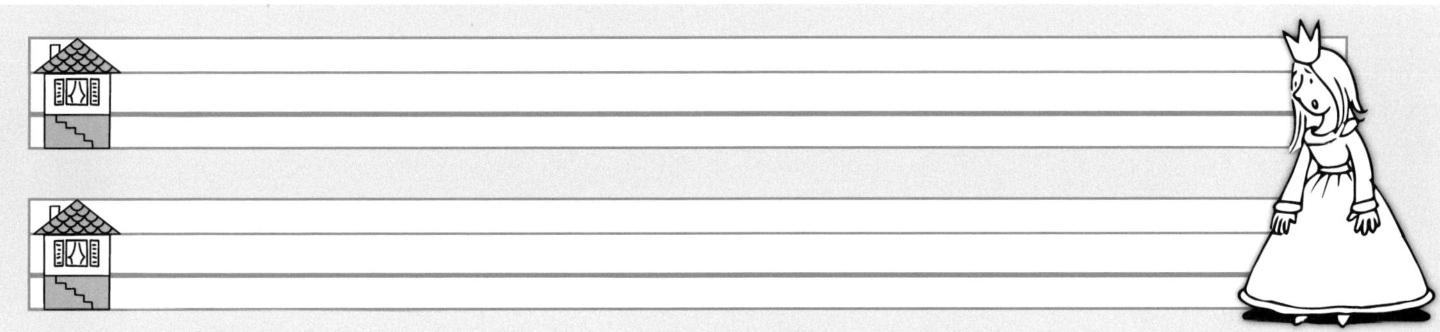

1. **Male weiter. Erzähle.**
2. **Schreibe passende Wörter ins Bild.**

3. **Schreibe zum Bild. Nimm auch die Rückseite.**

**1. Male weiter. Erzähle.**

**2. Finde eine Überschrift zum Bild.**

Überschrift: ..........................................................................................

**3. Schreibe weitere Wörter zum Bild.**

Kostüm, verkleiden, böse

**4. Schreibe zum Bild. Nimm auch die Rückseite.**

# Superhelden

1. **Male die Bildergeschichte weiter. Erzähle.**
2. **Schreibe eine Überschrift zur Bildergeschichte auf.**
   **Wähle dann eine der beiden Überschriften aus. Kreuze an.**

O ..........................................................................................

O Als wir uns als Superhelden verkleideten

3. **Schreibe passende Wörter zu deiner Bildergeschichte.**

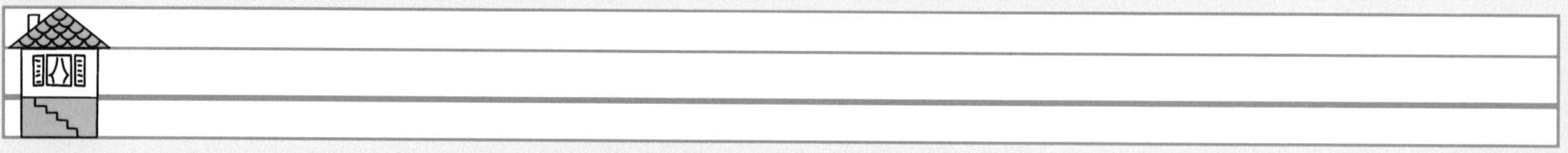

4. **Schreibe zur Bildergeschichte. Nimm auch die Rückseite.**

# Zauberer

●○○

**1. Male weiter. Erzähle.**

**2. Schreibe passende Wörter ins Bild.**

**3. Schreibe zum Bild. Nimm auch die Rückseite.**

1. **Male weiter. Erzähle.**
2. **Finde eine Überschrift zum Bild.**

Überschrift: ..........................................................................................

**3. Schreibe weitere Wörter zum Bild.**

**4. Schreibe zum Bild. Nimm auch die Rückseite.**

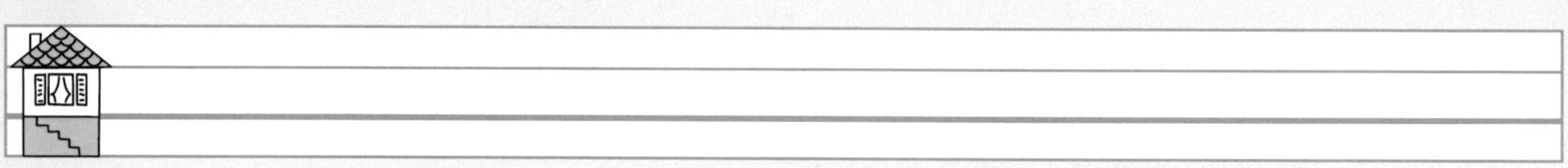

# Zauberer

1. **Male die Bildergeschichte weiter. Erzähle.**
2. **Schreibe eine Überschrift zur Bildergeschichte auf.
   Wähle dann eine der beiden Überschriften aus. Kreuze an.**

O ..................................................

O Die Zauberschule

3. **Schreibe passende Wörter zu deiner Bildergeschichte.**

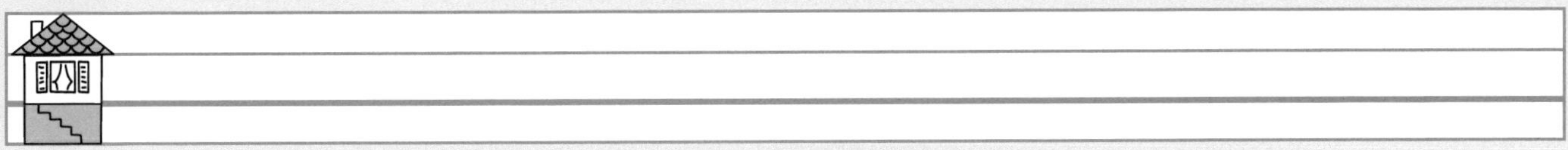

4. **Schreibe zur Bildergeschichte. Nimm auch die Rückseite.**

# Zwerge

1. **Male weiter. Erzähle.**
2. **Schreibe passende Wörter ins Bild.**

3. **Schreibe zum Bild. Nimm auch die Rückseite.**

1. **Male weiter. Erzähle.**
2. **Finde eine Überschrift zum Bild.**

Überschrift: ............................................................

**3. Schreibe weitere Wörter zum Bild.**

Gartenzwerg, laufen, erstaunt

**4. Schreibe zum Bild. Nimm auch die Rückseite.**

# Zwerge

**1. Male die Bildergeschichte weiter. Erzähle.**

**2. Schreibe eine Überschrift zur Bildergeschichte auf. Wähle dann eine der beiden Überschriften aus. Kreuze an.**

O ..............................................................................................

O Die wundersamen Gartenzwerge

**3. Schreibe passende Wörter zu deiner Bildergeschichte.**

**4. Schreibe zur Bildergeschichte. Nimm auch die Rückseite.**

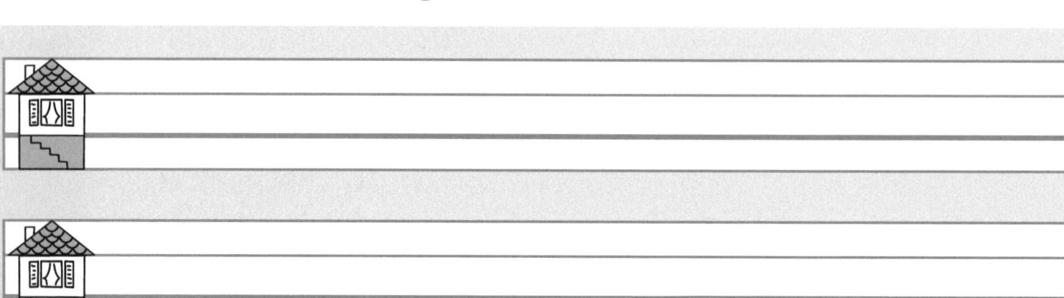

# Anhang

Der Astronaut landet
mit seiner Rakete
auf einem fremden
Planeten

# Urkunde

für

Du kannst Wörter, Sätze und Texte zu fantasievollen Bildern schreiben.

Datum, Unterschrift

## Tipp-Karte 1

### Überschriften

Denke dir eine Überschrift aus, die …

- neugierig macht oder
- sagt, worum es in der Geschichte geht.

## Tipp-Karte 2

### Schreibideen finden (1)

Schreibe und male viele kleine Schreibideen auf ein Blatt.

Deine Schreibideen sollten lustig, spannend, gruselig, interessant … sein.

## Tipp-Karte 3

### Schreibideen finden (2)

Spiele mit deinen Mitschülern deine Geschichte nach.

Sprecht dabei und spielt wie richtige Schauspieler.
So sammelst du weitere Ideen für deinen Text.

## Tipp-Karte 4

### Gute Geschichten erzählen

Erzähle deine Geschichte lustig oder spannend, indem etwas Überraschendes und Unerwartetes passiert.

Schiebe Fragen, Pausen, Gedanken, Gefühle ein.

Verstelle deine Stimme beim Erzählen.



© Verlag an der Ruhr | Autor: Bernd Wehren | Linie Kopfzeile, Bleistift Fußzeile: © Verlag an der Ruhr;
Kinder: Bettina Weyland | ISBN 978-3-8346-2969-2 | www.verlagruhr.de

# Tipp-Karte 5

## Bevor es losgeht … (1)

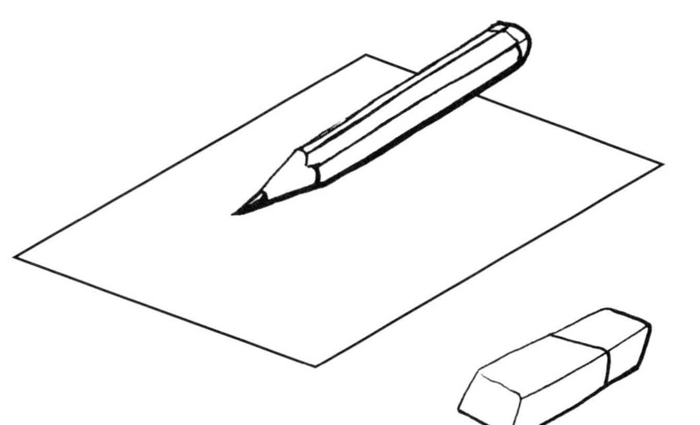

Lege nur diese Dinge auf deinen Tisch:

- Bleistift
- Radiergummi
- Buntstifte
- dein Weitermalbild

# Tipp-Karte 6

## Bevor es losgeht … (2)

Achte während des Schreibens immer auf eine leserliche Schrift.

Schreibe immer mit Bleistift, damit du schnell und sauber verbessern kannst.

# Tipp-Karte 7

## Gute Geschichten schreiben (1)

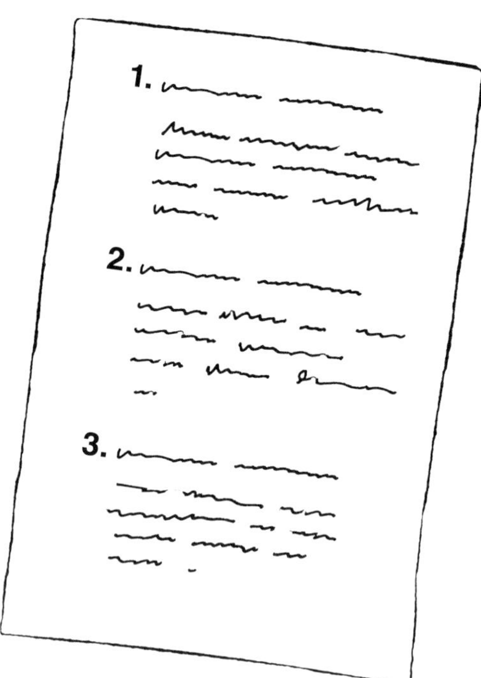


Schreibe deine Geschichte in der richtigen Reihenfolge auf.

→ Alle müssen deine Geschichte verstehen können!

# Tipp-Karte 8

## Gute Geschichten schreiben (2)

Nenne in deiner Geschichte den Ort, die Zeit und weitere wichtige Dinge.

→ Deine Geschichte soll W-Fragen beantworten:

Wann? Wo? Wer? Was? Wie?

Warum? Welche Folgen?

## Tipp-Karte 9

### Gute Geschichten schreiben (3)

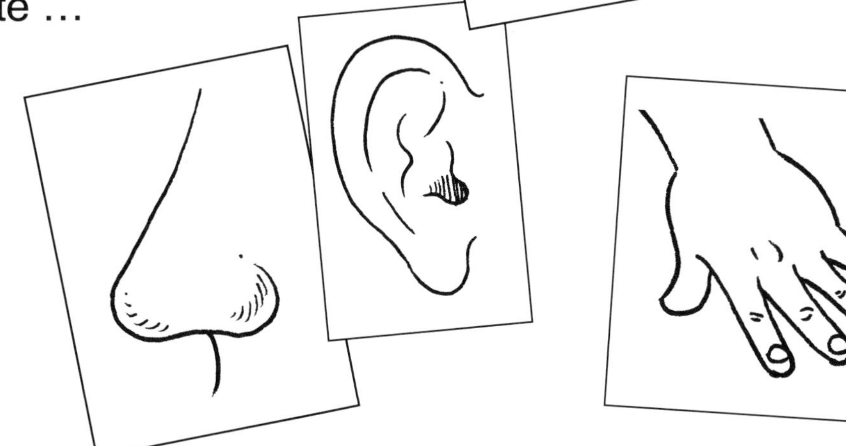

Beschreibe, was deine Personen in deiner Geschichte …

- sehen
- riechen
- fühlen
- hören
- schmecken

## Tipp-Karte 10

### Gute Geschichten schreiben (4)

Beende deine Geschichte mit einem …

- passenden,
- interessanten und
- kurzen Schluss.

## Tipp-Karte 11

### Gute Geschichten schreiben (5)

Beschreibe die Dinge, Orte und Personen genauer:

- Farbe
- Größe
- Anzahl

Benutze Wiewörter:

reich–arm

schön–hässlich

fröhlich–traurig

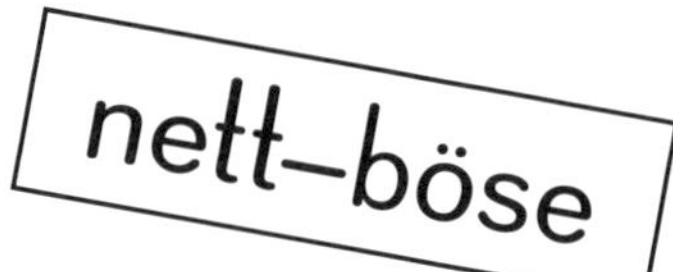

## Tipp-Karte 12

### Richtig schreiben

Namenwörter und Satzanfänge schreibt man groß.

Beispiel:

Der Hund hat vier Beine.

# Tipp-Karte 13

## Den Text kontrollieren (1)

Lies den Text anderen Kindern langsam und laut vor.

- Haben die anderen alles verstanden?
- Fehlt etwas?
- Ist alles verständlich?
- Ist die Geschichte interessant?
- Passt dein Text zum Weitermalbild oder zur Bildgeschichte?





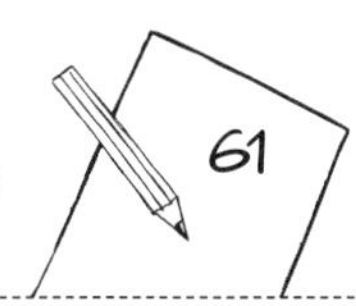


# Tipp-Karte 14

## Den Text kontrollieren (2)

Schlage schwierige Wörter
im Wörterbuch nach.
Ist alles richtig geschrieben?

# Druckschrift und Vereinfachte Ausgangsschrift

| Aa | Bb | Cc | Dd | Ee | Ff | Gg | Hh |
|---|---|---|---|---|---|---|---|
| Ii | Jj | Kk | Ll | Mm | Nn | Oo | Pp |
| Qq | Rr | Ss | Tt | Uu | Vv | Ww | Xx |
| Yy | Zz | Ää | Öö | Üü | ß | | |

| Aa | Bb | Cc | Dd | Ee | Ff | Gg | Hh |
|---|---|---|---|---|---|---|---|
| Ii | Jj | Kk | Ll | Mm | Nn | Oo | Pp |
| Qq | Rr | Ss | Tt | Uu | Vv | Ww | Xx |
| Yy | Zz | Ää | Öö | Üü | ß | | |

# Druckschrift und Lateinische Ausgangsschrift

| Aa | Bb | Cc | Dd | Ee | Ff | Gg | Hh |
|---|---|---|---|---|---|---|---|
| Ii | Jj | Kk | Ll | Mm | Nn | Oo | Pp |
| Qq | Rr | Ss | Tt | Uu | Vv | Ww | Xx |
| Yy | Zz | Ää | Öö | Üü | ß | | |

| Aa | Bb | Cc | Dd | Ee | Ff | Gg | Hh |
|---|---|---|---|---|---|---|---|
| Ii | Jj | Kk | Ll | Mm | Nn | Oo | Pp |
| Qq | Rr | Ss | Tt | Uu | Vv | Ww | Xx |
| Yy | Zz | Ää | Öö | Üü | ß | | |

62 Erste *fantastische* Schreibanlässe

© Verlag an der Ruhr | Autor: Bernd Wehren | Abb. Linie Kopfzeile, Bleistift Fußzeile: © Verlag an der Ruhr | ISBN 978-3-8346-2969-2 | www.verlagruhr.de

# Druckschrift und Schulausgangsschrift

Aa Bb Cc Dd Ee Ff Gg Hh
Ii Jj Kk Ll Mm Nn Oo Pp
Qq Rr Ss Tt Uu Vv Ww Xx
Yy Zz Ää Öö Üü ß

Aa Bb Cc Dd Ee Ff Gg Hh
Ii Jj Kk Ll Mm Nn Oo Pp
Qq Rr Ss Tt Uu Vv Ww Xx
Yy Zz Ää Öö Üü ß

# Druckschrift und Grundschrift

Aa Bb Cc Dd Ee Ff Gg Hh
Ii Jj Kk Ll Mm Nn Oo Pp
Qq Rr Ss Tt Uu Vv Ww Xx
Yy Zz Ää Öö Üü ß

Aa Bb Cc Dd Ee Ff Gg Hh
Ii Jj Kk Ll Mm Nn Oo Pp
Qq Rr Ss Tt Uu Vv Ww Xx
Yy Zz Ää Öö Üü ß

© Verlag an der Ruhr | Autor: Bernd Wehren | Abb. Linie Kopfzeile, Bleistift Fußzeile:
© Verlag an der Ruhr | ISBN 978-3-8346-2969-2 | www.verlagruhr.de

Erste fantastische Schreibanlässe
63